RÉPUBLIQUE FRANÇAISE

MINISTÈRE DE LA GUERRE.

CAHIER DES CHARGES CO...

DU 2 FÉVRIER 1923

POUR LA FABRICATION ET LA FOURNITURE

DU

PAIN DE GUERRE

CHARLES-LAVAUZELLE & Cⁱᵉ

Éditeurs militaires

PARIS, Boulevard Saint-Germain, 124

LIMOGES et NANCY, Rue Stanislas, 53

1923

Direction de l'Intendance militaire. — Bureau des Vivres
et des Fourrages.

Cahier des charges communes pour la fabrication et la fourniture du pain de guerre.

Document abrogé : *Cahier des charges communes du 2 août 1908
pour la fabrication et la fourniture du pain de guerre.*

Paris, le 2 février 1923.

PREMIÈRE PARTIE.
Définition de la fourniture.

Objet de la fourniture et documents qui la régissent.

Article 1er. Le service consiste à livrer, dans les établissements militaires énumérés au Cahier des charges spéciales, la quantité de quintaux métriques de pain de guerre indiquée au marché et répondant aux conditions de qualité de l'annexe n° 3.

Article 2. Les opérations de l'adjudication et les conditions d'exécution de la fourniture sont régies par :

Le Cahier des clauses et conditions générales applicables aux marchés de fournitures du Département de la guerre du 1er août 1921;

L'instruction du 21 novembre 1921 relative aux marchés du Département de la guerre;

Le présent cahier des charges communes;

Un cahier des charges spéciales;

Les annexes du cahier des charges communes en font partie intégrale et sont, comme ce cahier des charges lui-même, strictement obligatoires pour les parties: Toutefois, cette disposition ne s'applique pas à la « technique de fabrication » qui n'est donnée qu'à titre d'indication.

Cahier des charges spéciales.

Article 3. Un cahier des charges spéciales fait connaître les conditions particulières au marché et donne toutes les indications de détail nécessaires.

Il détermine notamment :

La quantité de pain de guerre mise en adjudication et l'importance des lots entre lesquels cette quantité est divisée;

Le pourcentage qui peut être livré en plus ou en moins de la quantité adjugée;

Le temps que la fourniture concerne, l'époque de la fabrication et l'échelonnement des livraisons dans les conditions de l'article 9;

Les établissements militaires que les fournisseurs peuvent choisir pour effectuer leurs livraisons, ainsi que les officiers qui seront chargés de la réception;

Le délai maximum imparti à l'administration pour procéder à l'examen et à la prise en charge du pain de guerre livré;

Les délais d'enlèvement des fournitures définitivement refusées et les mesures qui pourraient être prises en cas d'inexécution dans les délais impartis;

Les délais de remplacement des fournitures refusées;

Les modifications, le cas échéant, au taux des pénalités pour retard dans les livraisons;

Les modes de payement, les justifications à fournir par l'entrepreneur et les délais dans lesquels elles doivent être produites;

Les conditions du travail applicables au marché;

Le lieu où l'entrepreneur est tenu de faire élection de domicile pour l'exécution du marché;

La limite au delà de laquelle, dans les cas prévus aux paragraphes 3° et 4° de l'article 40 du Cahier des clauses et conditions générales du 1er août 1921, l'administration pourra résilier le contrat et passer un marché par défaut;

La continuation ou non du service en cas de guerre,

Enfin, pour les marchés de fabrication :

L'échelonnement des livraisons de farine à faire à l'entrepreneur;

La valeur des denrées et matériels appartenant à l'Etat et mis à la disposition de l'entrepreneur pour l'exécution du service.

Ces prix serviront de base pour le décompte des avaries imputables au fournisseur, et pour la détermination de la valeur des denrées ou matériels à assurer contre l'incendie et la foudre, ainsi que de la garantie pécuniaire exigée en vertu de l'article 8.

Renseignements à indiquer sur les soumissions.

Article 4. Le nombre des lots à fournir, le prix au quintal métrique, l'usine de fabrication et les établissements militaires choisis par le fournisseur pour les livraisons sont indiqués dans la soumission (dont le modèle est donné par l'annexe n° 1) ainsi que la caisse ou la Banque à laquelle il a un compte de dépôt ouvert à son nom avec le numéro du compte.

Prix et charges de la fourniture.

Article 5. Moyennant les prix stipulés au marché, sont à la charge du fournisseur : tous les frais de logement et d'emballage du pain de guerre, les frais de transport jusqu'à l'intérieur de l'établissement militaire choisi pour la livraison et, d'une façon générale, toutes dépenses quelconques ainsi que les pertes, déchets et avaries, jusqu'à la prise en charge par l'officier réceptionnaire.

Seuls, les droits d'octroi à percevoir sur les produits, dans les places de livraison, restent à la charge de l'administration.

Enfin, le fournisseur est responsable de la conservation du pain de guerre livré, dans les conditions visées à l'article 13.

DEUXIÈME PARTIE.

Dispositions spéciales à l'adjudication.

Nature de l'adjudication.

Article 6. L'adjudication sera restreinte.

Conditions d'admission à soumissionner.

Article 7. Les locaux, affectés par l'entrepreneur à la fabrication du pain de guerre et à l'emmagasinement de l'approvisionnement de farine, devront être agréés par l'administration.

Toute personne désirant prendre part à l'adjudication doit

faire la preuve qu'elle est propriétaire (1) des usines, ateliers, machines, etc... qu'elle propose d'affecter à la fabrication ou que la jouissance (2) des lieux, de la force motrice et du matériel lui est exclusivement réservée pour une durée ininterrompue suffisante pour l'exécution complète et entière du service à entreprendre. Elle doit fournir également les plans des usines où elle se propose de fabriquer le pain de guerre, avec l'état détaillé de leur outillage ainsi qu'une déclaration indiquant la force motrice dont dispose l'usine.

Si l'usine n'est pas pourvue, au moment de la visite par les représentants de l'administration, de l'outillage spécial à la fabrication du pain de guerre, le soumissionnaire devra joindre à la déclaration indiquant son intention de soumissionner l'engagement écrit de se procurer et d'installer cet outillage avant la date fixée pour le commencement de la fabrication.

Nature et importance des cautionnements.

Article 8. Il ne sera pas constitué de cautionnement provisoire.

Le cautionnement définitif est fixé au 1/10ᵉ du montant du marché.

La mainlevée du cautionnement peut être donnée par le Ministre de la guerre, savoir :

1° Pour les deux tiers après l'exécution complète de la fourniture et lorsqu'il s'est écoulé un délai de six mois après la date de la dernière livraison;

2° Pour le tiers restant, après l'expiration du délai de garantie fixé à l'article 13 et lorsque l'entrepreneur a été reconnu quitte et libéré de toutes les obligations qui lui étaient imposées.

De plus, pour les marchés de simple fabrication, une garantie pécuniaire dont l'importance, fixée au Cahier des charges spéciales, est exigée des entrepreneurs dans les conditions de l'article 63 de l'instruction du 21 novembre 1921 relative aux marchés du Département de la guerre. Cette garantie sera constituée dans les mêmes conditions que le cautionnement définitif et remboursée après la réception de la dernière livraison.

---

(1) Acte de notoriété passé devant notaire.
(2) Bail ou promesse de bail authentique.

TROISIÈME PARTIE.

Dispositions spéciales aux marchés de fourniture.

ÉPOQUES DE FABRICATION.

Article 9. Le Cahier des charges spéciales et l'affiche annonçant l'adjudication indiquent l'échelonnement des livraisons (fractions égales à livrer chaque mois pendant la durée du marché).

En raison des précautions particulières qu'exige en été la fabrication du pain de guerre pour en assurer ultérieurement la conservation, l'administration militaire se réserve le droit d'interrompre la fabrication pendant une période déterminée indiquée dans l'affiche et au Cahier des charges spéciales.

L'entrepreneur pourra d'ailleurs être autorisé, sur sa demande, et si les besoins du service ne s'y opposent pas (ce dont l'administration militaire reste seule juge), à suspendre momentanément sa fabrication pendant la saison chaude, sauf à livrer, avant cette suspension, si l'administration militaire le juge utile, partie ou totalité du pain de guerre dont les époques normales de livraison correspondaient à la période d'interruption de la fabrication.

Approvisionnèments de farine.

Article 10. L'entrepreneur est tenu d'entretenir constamment, dans ses magasins, un approvisionnement de farine suffisant pour assurer la fabrication maximum pendant quinze jours (moitié de la quantité de pain de guerre livrable mensuellement).

La quantité de farine à entretenir en permanence ne saurait d'ailleurs dépasser, en aucun cas, 1.000 quintaux; elle sera réduite, pendant le dernier mois du marché, d'après les quantités de pain de guerre restant à fabriquer.

Cet approvisionnement doit être totalement constitué dans un délai de vingt jours à partir de la notification de l'acceptation, par le Ministre, de l'échantillon soumis à son examen, sans qu'il puisse être exigé antérieurement à la date fixée par le marché pour le commencement de la fabrication. Le sous-intendant militaire s'assure de l'exécution de cette disposition.

En cas de manquant constaté dans l'approvisionnement de farine, il est infligé à l'entrepreneur une retenue de 10 centimes par jour et par quintal manquant.

L'entrepreneur devra, sur le registre d'entrée et de sortie des farines composant son approvisionnement (annexe n° 5), inscrire chaque jour les quantités de farine employées à la fabrication. Ce registre est coté et paraphé par le sous-intendant militaire.

Il devra y annexer des certificats indiquant le moulin d'où elles proviennent et la date de leur mouture.

En cas de retard ou d'irrégularités dans la tenue dudit registre, la délivrance du mandat d'acompte, mentionné au Cahier des charges spéciales, est retardée jusqu'à ce que les écritures soient à jour.

Surveillance de la fabrication.

Article 11. L'entrepreneur est tenu de se munir de tamis de soie n°s 120 et 150, ainsi que d'une petite balance, avec série de poids, pour permettre de procéder à des expériences de tamisage des farines et à des pesées de galettes lors des visites à l'usine des représentants de l'administration.

La surveillance s'applique aussi bien à la nature et au choix des denrées entrant dans la préparation du pain de guerre qu'à la fabrication elle-même, ainsi qu'à l'état de propreté des locaux et ustensiles employés.

Cette surveillance, que peut faire effectuer l'administration, ne diminue en rien la responsabilité du fournisseur.

Les agents de surveillance permanente, aussi bien que ceux du contrôle inopiné, ont le droit de prélever des échantillons de farine et de pain de guerre sans que ces prélèvements donnent lieu à indemnité.

Livraisons et réceptions.

Article 12. Les livraisons ont lieu au rez-de-chaussée de l'établissement ou des établissements militaires choisis par l'adjudicataire parmi ceux énumérés au Cahier des charges spéciales.

La réception du pain de guerre est effectuée par l'officier

d'administration du service des subsistances désigné au Cahier des charges spéciales (1).

Cet officier examine le pain de guerre en ouvrant le nombre de caisses qu'il jugera nécessaire. Il pourra effectuer des prélèvements qui pourront s'élever jusqu'à 1 p. 100 de la livraison afin de s'assurer de la qualité du produit et d'en faire effectuer l'analyse dans un laboratoire militaire.

Il s'assure en même temps de l'exactitude des rubriques indiquées sur la paroi extérieure de la caisse en tant que poids net, tare et poids brut. Si des différences étaient constatées dans ces divers poids, un nouveau rubriquage serait à faire par l'entrepreneur, ou, à défaut, à ses frais sous peine de refus total du lot présenté en livraison.

La vérification portera aussi sur l'état des caisses d'emballage. Toutefois, les malfaçons constatées ne donneront pas lieu, en principe, au refus de la livraison. Une réfaction, sous forme de réduction de prix pourra être proposée par l'officier réceptionnaire et arrêtée par le directeur de l'intendance de la région où se fait la réception.

Le pain de guerre employé pour toutes les épreuves de vérification est compté dans la fourniture s'il est reconnu de bonne qualité et définitivement accepté; dans le cas contraire, il ne sera pas payé au fournisseur.

Délais de garantie de conservation.

Article 13. Le fournisseur est responsable de la bonne conservation du pain de guerre livré, pendant douze mois, à partir du dernier jour du mois de fabrication indiqué sur les galettes.

La responsabilité du fournisseur est étendue aux avaries pour vice propre de la denrée (défaut dans la cuisson, présence de cloches, de soufflures, de gerçures, de feuilletage, rancidité, etc...) survenues dans les magasins de réception ainsi que dans les magasins sédentaires de l'administration auxquels le pain de guerre aura été expédié (y compris les magasins de corps de troupe et ceux des entrepreneurs).

Le fournisseur rembourse, de même, la valeur du pain de guerre contenant des vers, à moins qu'il ne soit démontré que

---

(1) Les contestations sont réglées en suivant la procédure réglementaire (commission d'appel et recours au Ministre, d'après les prescriptions du titre X de l'instruction du 21 novembre 1921 relative aux marchés du département de la guerre).

la présence de ces vers est le fait d'une contamination anté-
rieure des locaux ou du voisinage d'autres denrées envahies
par les insectes.

Article 14. Les avaries sont constatées par des procès-ver-
baux dressés par le sous-intendant militaire en présence de
l'officier d'administration gestionnaire et du fournisseur (ou de
son délégué) préalablement avisé.

La valeur des avaries constatées pendant le délai de garantie
et imputables au fournisseur est remboursée par lui au prix
du marché augmenté des droits d'octroi, s'il y a lieu, et des
frais de transport du lieu de livraison au magasin dans lequel
l'avarie est constatée, mais il n'a pas à rembourser les frais de
transports qui auraient pu être effectués du lieu de réception
sur d'autres places que celle où l'avarie a été constatée.

Dans tous les cas donnant lieu à remboursement par le fournisseur, le prix de remboursement est calculé sur le pain de
guerre logé (qui est le prix du marché) et le pain de guerre
rejeté est rendu logé au fournisseur.

Le remboursement du pain de guerre avarié doit être effectué
dans le délai maximum de deux mois à compter du jour de la
notification faite au fournisseur par le sous-intendant militaire
rapporteur du procès-verbal constatant l'avarie mise à sa
charge.

Article 15. En cas d'avaries peu graves constatées pendant
la période de garantie, si ces avaries, bien que trop légères
pour nécessiter la remise au fournisseur de la denrée contami-
née, rendent cependant cette dernière impropre à la consommation avant d'avoir subi l'opération du triage et du brossage,
les frais occasionnés à l'administration par cette opération et
par le désarrimage et le réarrimage auxquels elle donne lieu,
ainsi que les déchets, sont à la charge du fournisseur, sauf le
cas où il serait reconnu que les avaries proviennent des locaux
où la denrée est emmagasinée.

Les frais occasionnés à l'administration militaire par le
transport des déchets de triage et de brossage (y compris les
quantités de denrées reconnues impropres à la consommation)
sont également, comme les frais de cette opération et comme
la valeur de ces déchets, à la charge du fournisseur.

QUATRIÈME PARTIE.

Dispositions spéciales aux marchés de fabrication.

Conditions spéciales.

Article 16. Le service consiste à fabriquer, à l'aide des farines fournies par l'administration, la quantité de pain de guerre indiquée au marché. La livraison des farines à l'entrepreneur est faite au rez-de-chaussée de ses magasins, et, d'après un échelonnement indiqué au Cahier des charges spéciales.

La farine fournie par l'administration devra, en principe, répondre aux conditions de qualité fixée par l'annexe n° 2. Toutefois, l'administration reste libre de fournir, à défaut de farine réunissant ces conditions, telle farine dont elle pourra disposer.

L'entrepreneur doit en donner immédiatement décharge en quantité et en devient responsable. Si l'entrepreneur croit devoir faire des réserves sur sa qualité, il en rend compte dans les cinq jours de la livraison au sous-intendant militaire qui fait procéder à son analyse et en fait mention au carnet d'entrée de l'entrepreneur avec indication du bulletin d'analyse correspondant. Le pain de guerre obtenu avec cette farine sera inscrit séparément au registre tenu par l'entrepreneur avec indication de la destination qu'il a reçue.

Rendement.

Article 17. L'entrepreneur tient compte à l'administration militaire de l'emploi de toutes les quantités de farines qu'il en a reçues au cours de son marché, en prenant pour base le rendement indiqué sur la facture d'expédition d'après les résultats moyens obtenus dans les places en gestion directe, soit 89 kilogrammes de pain de guerre pour 100 kilogrammes de farine.

L'entrepreneur peut, s'il le désire, dès les réceptions des farines, procéder, sous la surveillance du sous-intendant militaire, à une contre-épreuve dont les résultats sont consignés dans un procès-verbal qui est transmis au directeur de l'intendance, lequel statue définitivement sur le taux du rendement après avoir fait procéder à une nouvelle épreuve, s'il le juge utile. Si le rendement est supérieur en fait à celui qui a été déterminé, l'excédent appartient à l'Etat.

Interruption dans la fabrication.

Article 18. Si, par suite d'irrégularités dans les livraisons de la farine par l'administration, la fabrication se trouve interrompue, l'entrepreneur aura droit pour chaque jour d'interruption à une indemnité égale au salaire des ouvriers embauchés à titre permanent.

La durée d'interruption sera constatée par le sous-intendant militaire chargé de la surveillance de l'usine, dans un procès-verbal qui mentionnera, en outre, le montant exact de l'indemnité à allouer de ce fait à l'entrepreneur. Ce dernier devra, d'ailleurs, communiquer au sous-intendant militaire tous les documents de comptabilité susceptibles de permettre la détermination du salaire journalier du personnel ouvrier.

Assurances.

Article 19. L'assurance contre l'incendie concernant les matières appartenant à l'Etat qui sont remises par l'administration au fournisseur est faite par lui aux conditions prévues à l'article 14 du Cahier des clauses et conditions générales du 1er août 1921.

En cas de sinistre, la valeur des denrées appartenant à l'Etat entre les mains de l'entrepreneur est déterminée d'après le tarif de remboursement indiqué au Cahier des charges spéciales.

Avaries pendant les délais de garantie.

Article 20. En cas d'avaries du pain de guerre pendant les délais de garantie, la valeur du pain de guerre avarié par la faute du fournisseur (vice de fabrication) est remboursée par lui au prix du marché augmenté de la valeur de la farine indiquée au Cahier des charges spéciales, des droits d'octroi, s'il y a lieu, et des frais de transport du lieu de livraison au magasin dans lequel l'avarie est constatée.

Les avaries survenues pendant les mêmes délais qui seraient reconnues imputables seulement au défaut de qualité de la farine employée et pour laquelle le fournisseur aura fait des réserves resteront à la charge de l'Etat.

Garantie pécuniaire de la farine confiée à l'entrepreneur.

Article 21. Le Cahier des charges spéciales fixe l'importance de la garantie pécuniaire prévue à l'article 8. Cette somme sera égale à la moitié de la valeur de la farine que doit recevoir l'entrepreneur à chaque livraison d'après l'échelonnement indiqué au Cahier des charges spéciales.

Pour le Ministre de la guerre et des pensions
et par délégation :

Le Secrétaire général,

ALOMBERT.

ANNEXE N° 1.

MODÈLE DE SOUMISSION (à établir sur papier timbré).

———

Je soussigné (nom, prénoms), demeurant à....., rue....., n°.....

Après avoir pris connaissance du Cahier des charges communes du..... et de ses annexes, du Cahier des charges spéciales en date du....., pour la fourniture (ou la fabrication) de pain de guerre,

Déclare m'engager envers le Ministre de la guerre, stipulant au nom et pour le compte de l'Etat :

1° A fournir (fabriquer) (en toutes lettres) lots de pain de guerre représentant la quantité de (en toutes lettres) quintaux métriques aux prix ci-après :

(En toutes lettres) quintaux métriques moyennant le prix de (en toutes lettres) par quintal métrique;

(En toutes lettres) quintaux métriques moyennant le prix de (en toutes lettres) par quintal métrique;

Poids net de la tare;

Le prix indiqué comprend la valeur des récipients qui restent la propriété de l'administration;

2° A fabriquer ledit pain de guerre dans l'usine située à....., rue....., n°.....;

3° A livrer les pains de guerre en entrepôt d'octroi dans le magasin du service des vivres en gestion directe de (désigner la place), à raison de..... quintaux métriques par mois;

4° A me soumettre à toutes les conditions, clauses et réserves stipulées au Cahier des charges communes et à ses annexes et au Cahier des charges spéciales susindiqués;

5° A constituer le dépôt de garantie et à réaliser, dans le délai fixé par l'instruction du 21 novembre 1921 relative aux marchés du Département de la guerre, un cautionnement définitif en (numéraire, ou rentes, ou valeurs, etc...) s'élevant à (ou représentant) la somme de (en toutes lettres), qui correspond au dixième du montant de la fourniture totale;

6° A faire élection de domicile, pour l'exécution du présent engagement, dans l'usine où je m'engage à fabriquer à....., rue....., n°.....

Enfin, je m'engage à accepter les prix et conditions déterminés par le Cahier des clauses spéciales pour servir à l'application du décret du 10 août 1899 sur les conditions du travail, arrêté en vue de l'adjudication de ce jour, dont j'ai pris connaissance sous la réserve de l'article 3 dudit décret;

A recevoir les payements par virement de compte dans la caisse ou la banque (à indiquer), à laquelle j'ai un compte ouvert à mon nom sous le n°..... (à indiquer, ou, s'il y a lieu, la mention « sans numéro »).

A Paris, le.....

ANNEXE N° 2.

§ I. — Nature et qualité des farines.

La farine doit provenir exclusivement de blés tendres d'origine française (1), de premier choix et de la dernière récolte; dans sa composition ne doivent entrer que la farine de premier jet et celle de gruaux blancs, à l'exclusion de produits bis. Son taux d'extraction doit être de 70 p. 100 au maximum (correspondant au taux de blutage de 30 p. 100 au minimum). Cette farine doit être d'une blancheur absolue, d'un goût agréable, n'avoir aucune odeur autre que celle qui lui est propre; elle doit passer entièrement au tamis de soie n° 120 et, dans la proportion de 90 p. 100 au minimum, au tamis n° 150; contenir une proportion de gluten sec comprise entre 7,50 au minimum et 9 p. 100 au maximum. Elle ne doit pas contenir plus de 14 p. 100 d'humidité et 0 gr. 80 à 1 gr. 20 p. 100 de matières grasses. Son ancienneté de mouture doit varier entre un mois au moins et trois mois au plus.

L'entrepreneur ne peut utiliser que la farine acceptée par le Ministre. A cet effet, dans les quinze jours qui suivent la notification au fournisseur de l'approbation du marché, le sous-intendant militaire prélève trois échantillons de 4 kgr. 500 chacun de la farine que le fournisseur déclare vouloir employer à la fabrication et qui doit constituer un lot homogène. Chaque échantillon est enfermé dans un sachet de forte toile qui est scellé en présence du fournisseur. Il porte, fixée par une ficelle, une étiquette en parchemin indiquant la place d'expédition, la date et la nature du prélèvement, les signatures du sous-intendant militaire et du fournisseur.

Deux de ces échantillons (l'un pour servir à l'analyse, l'autre pour constituer un échantillon type) sont expédiés, par colis postal, aux frais du fournisseur, à l'Inspection générale des subsistance, 6, boulevard des Invalides, à Paris (7°) (2).

Le troisième échantillon est conservé dans l'usine de fabrication pour servir, le cas échéant, de terme de comparaison.

---

(1) Sauf décision contraire du Ministre indiquée au Cahier des charges spéciales.

(2) A cet effet, le fournisseur remet au sous-intendant militaire une feuille d'expédition et d'affranchissement du colis postal, ce fonctionnaire demeurant seul chargé de l'expédition.

Cette procédure est suivie chaque fois que l'entrepreneur veut employer un nouveau lot de farine.

Les représentants de l'administration militaire vérifient, au cours de la fabrication, si les farines réunissent les conditions d'espèce et de qualité exigées par la présente annexe; ils prélèvent des échantillons, s'ils le jugent utile, pour les comparer à l'échantillon accepté. Si la farine prélevée n'est pas conforme à l'échantillon type accepté, le lot de farine doit être immédiatement enlevé par l'entrepreneur. S'il s'élève des contestations, le litige est soumis au Ministre. A cet effet, le sous-intendant militaire fait placer provisoirement sous scellés, en présence de l'entrepreneur ou de son représentant, la farine en litige, et en prélève un échantillon qui est ensaché, cacheté et expédié immédiatement, en se conformant aux dispositions énoncées plus haut, à l'Inspection générale des subsistances. Après examen et comparaison avec l'échantillon type qu'elle détient, l'Inspection générale soumet ses propositions au Ministre, qui statue.

Quand la décision définitive est intervenue, les quantités de farine rejetées doivent être enlevées immédiatement des locaux où la fabrication a lieu.

Les délais d'analyse des échantillons ni le rejet de la farine ne peuvent en aucun cas être invoqués pour obtenir un sursis de livraison. Toutefois, si le laps de temps écoulé entre le prélèvement de l'échantillon et la notification des résultats de son examen dépasse un mois, le délai de livraison sera prorogé d'une durée égale au nombre de jours excédant cette période, à la condition que la farine analysée ait été acceptée pour la fabrication.

§ II. — ANALYSE SOMMAIRE DES FARINES.

a) *Dosage de l'eau.* — 1° Tarer un cristallisoir en verre de Bohême muni d'un couvercle en verre dépoli, le tout préalablement desséché à l'étuve.

2° Peser approximativement 5 grammes de farine, les mettre dans le vase; tarer; la différence des tares est égale au poids de la farine.

3° Le porter à l'étuve, le couvercle ôté, et le maintenir à 100 degrés pendant huit heures exactement.

4° Laisser refroidir sous le dessicateur, mettre le couvercle; peser. La perte de poids correspond à la quantité d'eau perdue. Ramener à 100 parties par le calcul.

b) *Dosage des matières grasses*. — 1° Peser 5 grammes de farine, les introduire dans un tube à épuisement muni d'un tampon de coton hydrophile dégraissé au préalable par traitement à l'éther bien tassé, de 6 à 8 centimètres de hauteur; recouvrir la farine d'un autre tampon dégraissé de 1 à 2 centimètres.

2° Placer sous le tube un cristallisoir sec et taré.

3° Verser de l'éther à 66 dans le tube. Ce liquide, en traversant la farine, dissout la matière grasse et tombe goutte à goutte dans le cristallisoir. La petite quantité de matière grasse qui se dépose dans la partie effilée du tube est enlevée avec un jet d'éther à la fin de l'opération. On lave à l'éther jusqu'à ce qu'une goutte évaporée sur le papier non collé ne laisse pas de trace après évaporation.

4° Evaporer à l'air libre tout l'éther, puis sécher à 100 degrés jusqu'à poids constant et peser. La différence entre la tare et le poids trouvé, multipliée par 20, donne le poids de matière grasse contenue dans 100 grammes de farine.

c) *Dosage du gluten*. — 1° Peser 33 gr. 33 de farine, les verser dans un mortier, faire un pâton avec 17 centimètres cubes d'eau environ.

2° Mettre dans un flacon à robinet de l'eau à la température de 15 à 20 degrés. Placer sous le robinet une terrine en grès vernissé, couverte d'un tamis de soie n° 40 mouillé sur ses deux faces.

3° Faire couler l'eau goutte à goutte, mais assez rapidement pour que les gouttes puissent à peine se compter. Malaxer le pâton sous le courant d'eau; si les parcelles de gluten se détachent et tombent sur le tamis, les ramasser et les réunir au pâton. Quand celui-ci a pris une structure homogène et de la cohésion, on laisse couler l'eau sous forme d'un mince filet et on lave jusqu'à ce que l'eau qui s'écoule ne soit plus blanche mais simplement louche.

En général, on compte de dix à douze minutes pour extraire un gluten et deux à trois minutes pour le laver en employant au total 700 centimètres cubes d'eau environ.

4° On essore le gluten entre ses doigts et on l'étale sur une plaque mince de nickel légèrement vaselinée, puis tarée, à bords relevés, et on fait sécher pendant deux heures à l'étuve. A ce moment, le gluten se détache facilement, on le fend alors en lignes assez rapprochées au moyen d'un canif bien aiguisé, pour permettre l'évaporation totale de l'eau, puis on remet à l'étuve jusqu'à poids constant. Le résultat, multiplié par 3, donne le poids du gluten sec.

A défaut d'une lame de nickel, on peut se servir d'une plaque de verre. Dans ce cas, le gluten, fortement adhérent, ne se détache pas.

Les dimensions des plaques seront calculées d'après la largeur des étriers de la balance. La grandeur habituelle est de 7×7 centimètres carrés.

_d) *Caractères du gluten*. — Un bon gluten s'extrait facilement, le produit humide présente une masse bien homogène, extensible, élastique, d'un blond grisâtre.

Un gluten désagrégé, grenu, qui se brise et se détache lorsqu'on malaxe le pâton et dont on est obligé de recueillir les débris sur le tamis est de mauvaise qualité.

Par la dessication, un bon gluten conserve une couleur brun claire; une nuance brune foncée indique un gluten de farine altérée ou de basse composition.

La présence de farines étrangères influe sur l'extraction, la qualité et la quantité du gluten.

ANNEXE N° 3.

§ I. — QUALITÉ DU PAIN DE GUERRE.

Les galettes de pain de guerre auront, après cuisson, les dimensions approximatives suivantes, qui résultent du laminage, puis du découpage de la pâte à l'aide d'un couteau en forme d'alvéole, dont les dimensions de la tranche coupante sont $0^m,055 \times 0^m,033$, et celle de la partie centrale ou intérieure $0^m,048 \times 0^m,0255$.

Longueur. . . . . $0^m,049$
Largeur. . . . . $0^m,034$
Épaisseur. . . . . $0^m,011$

Elles seront pointillées sur les deux faces. Les faces seront sans clochés, soufflures, ni gerçures. Les perforations des faces pourront traverser toute l'épaisseur du biscuit, les tranches seront pleines. Le fendillement des tranches ne sera admis que si la largeur des fentes qui se produisent pendant le ressuage ne dépasse pas $2/10^{es}$ de millimètre et si ces fentes sont peu nombreuses; deux à trois par galette au plus. Des cavités intérieures avec soulèvement des faces ainsi que le feuilletage en deux parties sous un effort réduit sont une cause absolue de rejet.

Le pain devra être d'une siccité parfaite (1), ne pas s'émietter et résister suffisamment aux chocs provenant des opérations d'encaissement et de transport. Le nombre de galettes brisées à la suite d'un transport en voiture et en chemin de fer, d'un chargement et d'un déchargement ne devra pas dépasser 4 p. 100.

Le volume et le poids des galettes sont tels, qu'une caisse à biscuit, modèle 1879, puisse en contenir en moyenne 43 kilogrammes (40 à 45 kilogrammes).

Le poids de chaque galette sera de 10 grammes avec une tolérance de 1 gramme en plus ou en moins, le poids étant vérifié sur 100 galettes. Chaque galette portera, en un timbrage peu profond, sur une de ses faces, deux chiffres indiquant, l'un le mois, et l'autre l'année de fabrication. Exemple : pour mars 1922 : 3-2.

---

(1) On considère qu'un pain de guerre bien fabriqué, bien cuit et convenablement ressué, ne contient généralement pas plus de 8 à 10 p. 100 d'humidité.

Il ne doit être mis dans les caisses que des galettes entières et de forme régulière.

§ II. — Technique de fabrication.

Le pain de guerre ne comprendra que de la farine, de l'eau, du sel, du levain de pâte et de la levure de grain (1), à l'exclusion de toute autre substance.

En raison de la diversité des appareils qui peuvent être employés à la production du pain de guerre, les procédés de fabrication sont laissés au choix des entrepreneurs, sous la réserve que le pain qu'ils présenteront en livraison réunira les conditions stipulées au paragraphe I. La technique indiquée ci-après a donné de bons résultats.

Confection du levain.

Levain..	40 kilogrammes.
Eau (30/35)...................................	15 à 20 litres.
Levure..	0 kgr. 150.

Durée de l'apprêt : 1 h. 20 à 2 heures (2).

Pétrissage.

Levain..	55 à 60 kilogrammes.
Farine..	210 kilogrammes.
Eau (30 à 35° C.).............................	70 litres.
Sel...	3 kilogrammes.

Laminage et découpage.

Après le pétrissage, et sans subir d'apprêt, la pâte est fortement laminée, puis découpée.

L'épaisseur de la bande de pâte, au moment où elle se présente sous le découpoir, doit être de 8 millimètres environ (3). Les rognures provenant du découpoir sont mises au pétrin et mélangées à la pétrissée suivante.

Cuisson.

Les galettes sont mises au four au fur et à mesure de leur sortie du découpoir, c'est-à-dire sans subir d'apprêt.

Durée de la cuisson : trente minutes.

---

(1) L'emploi de levure de grains rend le pain plus friable et moins résistant aux manipulations et aux chocs.

(2) Température favorable : 18°.

(3) Avant cuisson, le poids d'une galette est d'environ 13 grammes, et après cuisson de 10 grammes.

Mises en caisses.

En sortant du four, la teneur en humidité des galettes est d'environ 6 p. 100.

La mise en caisses se fait immédiatement, sans ressuage. Les galettes sont mises en vrac, les caisses étant garnies intérieurement de papier. Contenance d'une caisse : 43 kilogrammes environ.

Rendement moyen.

100 kilogrammes de farine donnent 89 kilogrammes de pain de guerre.

ANNEXE N° 4.

DESCRIPTION DE LA CAISSE A PAIN DE GUERRE. — RUBRIQUAGE
DES CAISSES.

Le pain de guerre est livré en caisses neuves qui restent la propriété de l'administration militaire.

Ces caisses, en peuplier ou en sapin, doivent être confectionnées en bois sain, sec et plein ne présentant aucune trace d'échauffement ou de pourriture, solidement établies, parfaitement closes, faites de feuillets assemblés à rainure et à languette à dessus vissé ou coulé (12 vis ou 16 pointes).

Les assemblages doivent être collés.

De plus, les caisses sont entourées par deux rangées de barres clouées à $0^m,15$ des bouts, les tasseaux du fond et du dessus étant de la largeur de la caisse, ceux des côtés étant de la hauteur du côté augmentée des épaisseurs des tasseaux. Enfin, les petits côtés sont renforcés à l'extérieur par deux tasseaux sur lesquels viennent se clouer les grands côtés.

Epaisseur du bois pour les longs côtés, les bouts, le fond et le couvercle : $0^m,013$.

Epaisseur du bois pour les barres et les tasseaux : $0^m,018$.

Largeur des barres et des tasseaux : $0^m,050$.

Tolérance en plus ou en moins dans les épaisseurs du bois : $0^m,001$.

Le fond des longs côtés, les bouts, les barres et les tasseaux cloués au moyen de pointes à tête plate (longueur $0^m,045$), de 580 au kilogramme (150 à 160 pointes par caisse).

La caisse a les dimensions intérieures ci-après : longueur, $0^m,89$; largeur, $0^m,41$; hauteur, $0^m,28$. Ces dispositions correspondent à une contenance d'environ 43 kilogrammes de pain de guerre (40 à 45 kilogrammes).

Les parois des caisses sont garnies avant emballage d'une feuille de fort papier recouvrant le pain de guerre sous le couvercle.

La caisse reçoit, sur l'un des bouts, au moyen d'encre noire grasse et d'estampilles ou au moyen de marques à feu, les indications suivantes :

Le nom de la denrée (Pain de guerre);
Le nom de l'entrepreneur et le lieu de fabrication;

Le numéro du mois et les deux derniers chiffres du millésime de l'année de fabrication.

De plus, les rubriques ci-après sont marquées au moyen d'encre noire grasse et d'estampilles :

Le numéro d'ordre de la caisse;

Le poids brut;

La tare;

Le poids net.

Les lettres et les chiffres ont $0^m,30$ de hauteur.

La garniture, la fermeture et le marquage des caisses sont assurés par les soins et aux frais de l'entrepreneur.

A droite et à gauche de l'inscription, une couche de peinture à la nuance de la période de fabrication est apposée sur les traverses, savoir :

Campagne de fabrication : 1922-1923, jaune; 1923-1924, rouge; 1924-1925, vert; 1925-1926, violet; 1926-1927, gris; 1927-1928, bleu.

La campagne de fabrication comprend la période qui s'étend du 1er octobre d'une année au 1er octobre de l'année suivante.

e CORPS D'ARMÉE.

PLACE DE

SERVICE
DES SUBSISTANCES MILITAIRES.

VIVRES.
FABRICATION DU PAIN
DE GUERRE.

ANNNEXE N° 5.

M.   , entrepreneur.

*Registre des entrées et des sorties de farine et du pain de guerre
des magasins de l'entrepreneur.*

Le présent registre, contenant   feuillets, celui-ci compris,
a été coté et paraphé par nous, Sous-Intendant militaire, pour
servir à l'inscription des entrées et sorties de farines des magasins de l'entrepreneur.

À   , le   19   .

NOTA. — Tous les inventaires faits dans les magasins de l'entrepreneur
doivent être mentionnés au présent registre. Réserver en tête du registre
une page blanche pour recevoir les mentions successives des recense-
ments opérés dans les magasins de l'entrepreneur.

ENTRÉES.

NUMÉRO D'ORDRE.	DATES.	NATURE DES MOUVEMENTS.	FARINES.	PROVENANCE (MOULINS).	DATES de MOUTURE.	PAIN DE GUERRE.	CAISSÉS.	OBSERVATIONS.

SORTIES.

NUMÉRO D'ORDRE.	DATES.	NATURE DES MOUVEMENTS.	FARINES.	PAIN DE GUERRE.	CAISSES.	OBSERVATIONS.

Imprimerie militaire
CHARLES-LAVAUZELLE & Cie
PARIS, NANCY, LIMOGES